### Première Journée.

Hésiode, Spectacle en musique, orné Entr'acte à Ballet, représenté à Versailles dans la cour de marbre, du Chateau éclairé depuis le haut jusqu'en bas d'une infinité de lumières.

### Dies primus.

Alcestis Tragœdia, perpetuo cantu et variis saltationibus decoratajn marmoreo Palatij Versaillarum cavaedio, quadequaque facibus accensis illuminati, acta.

# ALCESTE
## OU
## LE TRIOMPHE D'ALCIDE.
## TRAGEDIE.
### REPRESENTE'E
### PAR L'ACADEMIE ROYALE
### DE MUSIQUE.

On la vend
A PARIS,
A l'Entrée de la Porte de l'Academie Royale de Musique
au Palais Royal.
Imprimée aux despens de ladite Academie.
Par RENE' BAVDRY, Imprimeur.

M. DC. LXXV.
*Avec Privilege de Sa Majesté.*

# L'ACADEMIE ROYALE DE MUSIQUE.

## AU ROY.

GLORIEVX CONQVERANT,
PROTECTEVR des beaux Arts,
GRAND ROY, tournez sur moy Vos
Augustes Regards.
Une affreuse saison desole assez la Terre
Sans y mesler encore les horreurs de la Guerre;
Tandis qu'vn froid cruel despoüille les buissons,
Et des Oyseaux tremblants estouffe les chansons.

*Escoutez les Concerts que mon soin vous prepare:*
*Des fidelles Amours je chante la plus Rare,*
*Et des Vainqueurs fameux j'ay fait choix entre tous*
*Du plus grand que le Monde ait connu jusques à vous.*

 *Apres auoir couru de Victoire en Victoire*
*Prenez vn doux relâche au comble de la Gloire;*
*L'Hyver a beau s'armer de glace & de frimas,*
*Lors qu'il vous plaist de vaincre Il ne vous retient pas,*
*Et falut-t'il forcer mille Obstacles ensemble,*
*La moisson des Lauriers se fait quand bon vous semble.*

 *Pour servir de refuge à des Peuples ingrats*
*En vain vn puissant Fleuve estendoit ses deux bras.*
*Ses flots n'ont opposé qu'vne foible barriere*
*A la rapidité de vostre Ardeur guerriere.*
*Le Batave interdit, apres le Rhein dompté,*
*A dans son desespoir cherché sa seureté:*
*Avoir par quels Exploits vous commenciez la guerre,*
*Il n'a point creu d'azile assez fort sur la Terre,*
*Et de Vostre Valeur le redoutable cours*
*L'a contraint d'appeller la Mer à son secours.*
*Laissez-le revenir de ses frayeurs mortelles;*
*Laissez-vous preparer des Conquestes nouvelles,*

*Et donnez le loisir pour soûtenir Vos Coups*
*D'armer des Ennemis qui soient dignes de Vous.*
*Resistez quelque temps à Vostre Impatience,*
*Prenez part aux douceurs dont vous comblez la Frāce,*
*Et malgré la chaleur de Vos Nobles Desirs*
*Endurez le repos & souffrez les plaisirs.*

# ACTEURS
## DU PROLOGUE.

LA NYMPHE DE LA SEINE.
LA GLOIRE.
SUITE DE LA GLOIRE.
LA NYMPHE DES THUILLERIES.
TROUPE de Naïades & d'Hamadriades.
LA NYMPHE DE LA MARNE.
TROUPE de Divinitez de Fleuves.
LES PLAISIRS.

*La Scene du Prologue est sur les bords de la Seine, dans les Iardins des Thuilleries.*

## ACTEURS DE LA TRAGEDIE.

CHOEUR DES THESSALIENS.
ALCIDE, ou HERCULE.
LYCHAS. *Confident d'Alcide.*
STRATON. *Confident de Licomede*
CEPHISE. *Confidente d'Alceste.*
LICOMBDE *Frere de Thétis, & Roy de L'Isle de Scyros.*
PHERES. *Pere d'Admete*
ADMETE. *Roy de Thessalie.*
CLEANTE. *Escuyer d'Admete.*
ALCESTE. *Princesse d'Yolcos.*
*Pages & Suivans.*
TROVPE *de Divinitez de la Mer.*
TROVPE *de Matelots.*
THETIS. *Nereïde.*
QVATRE AQVILONS.
EOLE. *Roy des Vents.*
QVATRE ZEPHIRS.
TROVPE *de Soldats de Licomede.*
TROVPE *de Soldats Thessaliens.*
APOLLON.
LES ARTS.
TROVPE *de Femmes affligées.*
TROVPE *d'Hommes desolez.*
DIANE.
MERCURE.

CHARON.
LES OMBRES.
PLUTON.
PROSERPINE.
L'OMBRE D'ALCESTE.
SVIVANS DE PLVTON, Chantans, Dançans, &
  Volans.
ALECTON. L'vne des Furies.
CHOEVR des Peuples de la Grece.
LES NEVF MVSES.
LES IEVX.
TROVPE de Bergers & de Bergeres.
TROVPE de Pastres.

# LE RETOUR DES PLAISIRS.
## PROLOGUE.

LE Theatre represente le Palais & les Jardins des Thuilleries; La Nymphe de la Seine paroist apuyée sur une Urne au milieu d'une Allée dont les Arbres sont separez par des Fontaines.

LA NYMPHE DE LA SEINE.

LE HEROS *que j'attens ne reviendra-til pas?*
*Serai-je toûjours languissante*
*Dans une si cruelle attente?*
*Le* HEROS *que j'attens ne reviendra-til pas?*
*On n'entend plus d'Oyseau qui chante,*
*On ne voit plus de Fleurs qui naissent sous nos pas.*
*Le* HEROS *que j'attens ne reviendra-til pas?*
*L'herbe naissante*
*Paroist mourante,*
*Tout languit avec moy dans ces lieux pleins d'appas.*
*Le* HEROS *que j'attens ne reviendra-til pas?*
*Serai-je toûjours languissante;*

A

*Dans une si cruelle attente ?*
*Le* HEROS *que j'attens ne reviendra-t-il pas ?*

*Quel bruit de guerre m'épouvante ?*
*Quelle Divinité va descendre icy bas ?*

La Gloire paroist au milieu d'un Palais brillant qui descend au bruit d'une harmonie guerriere.

## LA NYMPHE DE LA SEINE.

*Helas ! superbe Gloire, helas !*
*Ne dois-tu point estre contente ?*
*Le* HEROS *que j'attens ne reviendra-t-il pas ?*
*Il ne te suit que trop dans l'horreur des Combas ;*
*Laisse en paix un moment sa Valeur triomphante.*
*Le* HEROS *que j'attens ne reviendra-t-il pas ?*
*Serai-je toûjours languissante*
*Dans une si cruelle attente ?*
*Le* HEROS *que j'attens ne reviendra-t-il pas ?*

## LA GLOIRE.

Pourquoy tant murmurer ? Nymphe, ta plainte est vaine,
Tu ne peux voir sans moy le HEROS que tu sers ;
Si son éloignement te couste tant de peine,
Il recompense assés les douceurs que tu pers ;
Voy ce qu'il fait pour toy quand la Gloire l'emmeine ;
Voy comme sa Valeur a soûmis à la Seine
Le Fleuve le plus fier qui soit dans l'Vnivers.

### LA NYMPHE DE LA SEINE.

*On ne voit plus icy paraistre*
*Que des Ornements imparfaits ;*
*Ah ! rends-nous nostre* AUGUSTE MAISTRE,
*Tu nous rendras tous nos attraits.*

### LA GLOIRE.

*Il revient, & tu dois m'en croire ;*
*Ie luy sers de guide avec soin :*
*Puisque tu vois la Gloire*
*Ton* HEROS *n'est pas loin.*

*Il laisse respirer tout le Monde qui tremble ;*
*Soyons icy d'accord pour combler ses desirs.*

### LA GLOIRE ET LA NYMPHE DE LA SEINE.

*Qu'il est doux d'accorder ensemble*
*La Gloire & les Plaisirs.*

### LA NYMPHE DE LA SEINE.

*Nayades, Dieux des Bois, Nymphes, que tout s'as-*
*semble,*
*Qu'on entende nos chants apres tant de soûpirs.*

La Nymphe des Thuilleries s'avance avec une Troupe de Nymphes qui dancent, les Arbres s'ouvrent & font voir des Divinitez Champestres qui joüent de differents Instruments, & les Fontaines se changent en Nayades qui chantent.

## LE CHOEUR.

Qu'il est doux d'accorder ensemble
La Gloire & les Plaisirs.

### LA NYMPHE DES THUILLERIES.

L'Art d'accord avec la Nature
Sert l'Amour dans ces lieux charmants :
Ces Eaux qui font resver par un si doux murmure,
Ces Tapis où les Fleurs forment tant d'ornements,
Ces Gazons, ces Lits de verdure,
Tout n'est fait que pour les Amants.

La Nymphe de la Marne Compagne de la Seine vient chanter au milieu d'une troupe de Divinitez de Fleuves qui témoignét leur joye par leur dance.

### LA NYMPHE DE LA MARNE.

L'Onde se presse
D'aller sans cesse
Jusqu'au bout de son cours :
S'il faut qu'un Cœur suive une pante,
En est-il qui soit plus charmante
Que le doux penchant des Amours ?

### LA GLOIRE ET LA NYMPHE DE LA SEINE.

Que tout retentisse :
Que tout réponde à nos voix :

### LA NYMPHE DES THUILLERIES.

Que tout fleurisse
Dans nos Jardins & dans nos Bois.

LA NYMPHE DE LA MARNE.

*Que le Chant des Oyseaux s'unisse*
 *Avec le doux son des Haut-bois.*

TOUS ENSEMBLE.

*Que tout retentisse,*
*Que tout réponde à nos voix.*
*Que le Chant des Oyseaux s'unisse*
*Avec le doux son des Haut-bois.*
 *Que tout retentisse*
*Que tout réponde à nos voix.*

Les Divinitez de Fleuves & les Nymphes forment une dance generale tandis que tous les Instruments & toutes les Voix s'unissent.

TOUS ENSEMBLE.

Quel Cœur sauvage
Icy ne s'engage?
*Quel Cœur sauvage*
*Ne sent point l'amour?*
*Nous allons voir les Plaisirs de retour;*
*Ne manquons pas d'en faire un doux usage:*
 *Pour rire un peu, l'on n'est pas moins sage.*

*Ah quel dommage*
*De fuir ce rivage!*
*Ah quel dommage*
*De perdre un beau jour!*

*Nous allons voir les Plaisirs de retour;*
*Ne manquons pas d'en faire un doux usage :*
*Pour rire un peu, l'on n'est pas moins sage.*
*Revenez Plaisirs exilez ;*
*Volez, de toutes parts, volez.*

Les Plaisirs volent, & viennent preparer des Divertiſſements.

Fin du Prologue.

# ACTE PREMIER.

La Scene est dans la Ville d'Yolcos en Thessalie.

Le Theatre represente un Port de Mer, où l'on void un grand Vaisseau orné & preparé pour une Feste galante au milieu de plusieurs Vaisseaux de guerre.

## SCENE PREMIERE.

### LE CHOEUR DES THESSALIENS, ALCIDE, LYCAS.

#### LE CHOEUR.

VIVEZ, vivez, heureux Espoux.

#### LYCHAS.

Vostre Amy le plus cher épouze la Princesse
  La plus charmante de la Grece,
Lors que chacun les suit, Seigneur, les fuyez-vous?

#### LE CHOEUR.

Vivez, vivez, heureux Espoux.

### LYCHAS.

Vous paroissez troublé des cris qui retentissent ?
  Quand deux Amants heureux s'vnissent
Le Chœur du grand Alcide en seroit-il jaloux ?

### LE CHOEUR.

Vivez, vivez, heureux Espoux.

### LYCHAS.

Seigneur, vous soûpirez, & gardez le silence ?

### ALCIDE.

Ah Lychas, laisse-moy partir en diligence.

### LYCHAS.

Quoy dés ce mesme jour presser vostre départ ?

### ALCIDE.

J'auray beau me presser je partiray trop tard.
Ce n'est point avec toy que je pretens me taire ;
Alceste est trop aimable, elle a trop sçeu me plaire ;
Un autre en est aimé, rien ne flatte mes vœux,
  C'en est fait, Admete l'espouze,
Et c'est dans ce moment qu'on les unit tous deux.
  Ah qu'une ame jalouse
  Esprouve un tourment rigoureux !
J'ay peine à l'exprimer moy-mesme :
Figure-toy, si tu le peux,
  Quelle est l'horreur extresme
  De voir ce que l'on aime
  Au pouvoir d'un Rival heureux.

### LYCHAS.

### LYCHAS.

L'Amour est-il plus fort qu'un HEROS indomptable?
L'univers n'a point eû de Monstre redoutable
    Que vous n'ayez pû surmonter.

### ALCIDE.

Eh crois-tu que l'Amour soit moins à redouter?
    Le plus grand Cœur a sa foiblesse.
Je ne puis me sauver de l'ardeur qui me presse
    Qu'en quittant ce fatal Séjour :
      Contre d'aimables charmes
      La Valeur est sans armes,
Et ce n'est qu'en fuyant qu'on peut vaincre l'Amour.

### LYCHAS.

Vous devez vous forcer, au moins, à voir la Feste
Qui déja dans ce Port vous paroist toute preste.
Vostre fuite à present feroit un trop grand bruit;
    Differez jusques à la nuit.

### ALCIDE.

Ah Lycas ! qu'elle nuit ! ah qu'elle nuit funeste !

### LYCHAS.

Tout le reste du jour voyez encore Alceste.

### ALCIDE.

La voir encore ?... hé bien differons mon départ,
Je te l'avois bien dit, je partiray trop tard.
Je vais la voir aimer un Espoux qui l'adore,
Je verray dans leurs yeux un tendre empressement :

B.

*Que je vais payer cherement*
*Le plaisir de la voir encore!*

## SCENE II.

ALCIDE, STRATON, & LYCHAS,
ensemble.

L'AMOUR a bien des maux, mais le plus
grand de tous
C'est le tourment d'estre jaloux.

## SCENE III.

STRATON, LYCHAS.

STRATON.

LYCHAS, j'ay deux mots à te dire,
LYCHAS.
*Que veux-tu? parle; je t'entends.*
STRATON.
*Nous sommes amis de tous temps;*
*Céphise, tu le sçais, me tient sous son Empire.*
*Tu suis par tout ses pas: qu'est-ce que tu pretens?*

## LYCHAS.

*Ie pretens rire.*

## STRATON.

*Pourquoy veux-tu troubler deux Cœurs qui font contents ?*

## LYCHAS.

*Ie pretens rire.*
*Tu peux à ton gré t'enflamer;*
*Chacun a fa façon d'aimer;*
*Qui voudra foûpirer, foûpire,*
*Ie pretens rire.*

## STRATON.

*I'aime, & je fuis aimé : laiffe en paix nos amours.*

## LYCHAS.

*Rien ne doit t'allarmer s'il eft bien vray qu'on t'aime;*
*Un Rival rebutté donne un plaifir extrefme.*

## STRATON.

*Un Rival quel qu'il foit importune toûjours.*

## LYCHAS.

*Ie voy ton amour fans colere,*
*Tu devrois en ufer ainfi:*
*Puifque Céphife t'a fçeu plaire,*
*Pourquoy ne veux-tu pas qu'elle me plaife auffi ?*

## STRATON.

*A quoy fert-il d'aimer ce qu'il faut que l'on quitte ?*

Tu ne peux demeurer long-temps dans cette Cour.
### LYCHAS.
Moins on a de momens à donner à l'Amour.
Et plus il faut qu'on en profite.
### STRATON.
I'aime depuis deux ans avec fidelité:
Ie puis croire, sans vanité,
Que tu ne dois pas estre un Rival qui m'alarme.
### LYCHAS.
I'ay pour moy la nouveauté,
En amour c'est un grand charme.
### STRATON.
Céphise m'a promis un cœur tendre, & constant.
### LYCHAS.
Céphise m'en promet autant.
### STRATON.
Ah si je le croyois! ... Mais tu n'és pas croyable.
### LYCHAS.
Croy-moy, fais ton profit d'un reste d'amitié,
Sers-toy d'un avis charitable
Que je te donne par pitié.
### STRATON.
Le mespris d'un volage
Doit estre un assés grand mal,
Et c'est un nouvel outrage

*Que la pitié d'un Rival.*
*Elle vient l'Infidelle,*
*Pour chanter dans les Ieux dont je prens soins icy.*

### LYCHAS.

*Ie te laisse avec elle,*
*Il ne tiendra qu'à toy d'estre mieux éclaircy.*

## SCENE IV.

### CEPHISE, STRATON.

### CEPHISE.

DANS ce beau jour, qu'elle humeur sombre
Fais-tu voir à contre-temps?

### STRATON.

C'est que je ne suis pas du nombre
Des Amants qui sont contents.

### CEPHISE.

Un ton grondeur & severe
N'est pas un grand agrément;
Le chagrin n'avance guere
Les affaires d'un Amant.

### STRATON.

Lychas vient de me faire entendre

*Que je n'ay plus ton cœur, qu'il doit seul y pretendre,*
*Et que tu ne vois plus mon amour qu'à regret ?*

CEPHISE.

*Lychas est peu discret...*

STRATON.

*Ah je m'en doutois bien qu'il vouloit me surprendre.*

CEPHISE.

*Lychas est peu discret*
*D'avoir dit mon secret.*

STRATON.

*Coment ! il est donc vray ! tu n'en fais point d'excuse ?*
*Tu me trahis ainsi sans en estre confuse ?*

CEPHISE.

*Tu te plains sans raison ;*
*Est-ce une trahison*
*Quand on te desabuse ?*

STRATON.

*Que je suis estonné de voir ton changement !*

CEPHISE.

*Si je change d'Amant*
*Qu'y trouves-tu d'étrange ?*
*Est-ce un sujet d'estonnement*
*De voir une Fille qui change ?*

### STRATON.

*Apres deux ans passez dans un si doux lien,*
*Devois-tu jamais prendre une chaine nouvelle.*

### CEPHISE.

*Ne contes-tu pour rien*
*D'estre deux ans fidelle ?*

### STRATON.

*Par un espoir doux, & trompeur,*
*Pourquoy m'engageois-tu dans un amour si tendre ?*
*Faloit-il me donner ton cœur*
*Puis que tu voulois le reprendre ?*

### CEPHISE.

*Quand je t'offrois mon cœur, c'estoit de bonne foy*
*Que n'empesche tu qu'on te l'oste ?*
*Est-ce ma faute*
*Si Lychas me plaist plus que toy ?*

### STRATON.

*Ingrate, est-ce le prix de ma perseverance ?*

### CEPHISE.

*Essaye un peu de l'inconstance :*
*C'est toy qui le premier m'apris à m'engager,*
*Pour recompense*
*Ie te veux aprendre à changer.*

### STRATON & CEPHISE.

Il faut {aimer / changer} toûjours;
Les plus douces amours;
Sont les amours {fidelles / nouvelles}.

Il faut {aimer / changer} toûjours.

## SCENE V.

### LICOMEDE, STRATON, CEPHISE.

#### LICOMEDE.

STRATON donne ordre qu'on s'apreste
    Pour commencer la Feste.
Straton se retire, & Licomede parle à Céphise.
Enfin, grace au dépit, je gouste la douceur
De sentir le repos de retour dans mon cœur.
J'estois à preferer au Roy de Thessalie;
    Et si pour sa gloire on publie
Qu'Apollon autrefois luy servit de Pasteur,
Je suis Roy de Scyros, & Thétis est ma Sœur.
J'ay sçeu me consoler d'un hymen qui m'outrage,
J'en ordonne les Jeux avec tranquilité.
                        Qu'ai-

*Qu'aisément le dépit dégage*
*Des fers d'une ingrate Beauté!*
*Et qu'apres un long esclavage,*
*Il est doux d'estre en liberté!*

### CE'PHISE.

*Il n'est pas seur toûjours de croire l'apparence:*
*Un Cœur bien pris, & bien touché,*
*N'est pas aisément détaché,*
*Ny si tost guery que l'on pense;*
*Et l'amour est souvent caché*
*Sous une feinte indifference.*

### LICOMEDE.

*Quand on est sans esperance,*
*On est bien tost sans amour.*
*Mon Rival a la preference,*
*Ce que j'aime est en sa puissance,*
*Ie perds tout espoir en ce jour:*
*Quand on est sans esperance*
*On est bien tost sans amour.*

*Voicy l'heure qu'il faut que la Feste commence,*
*Chacun s'avance,*
*Preparons-nous.*

## SCENE VI.

LE CHOEUR, ADMETE, ALCESTE, PHERES, ALCIDE, LYCHAS, CE'PHISE, & STRATON.

### Le Choeur.

VIVEZ, *vivez, heureux Espoux.*
### Pheres.
*Joüissez des douceurs du nœud qui vous assemble.*
### Admete & Alceste.
*Quand l'Himen & l'Amour sont bien d'accord en-*
*semble*
 *Que les nœuds qu'ils forment sont doux?*
### Le Choeur.
*Vivez, vivez, heureux Espoux.*

## SCENE VII.

Des Nymphes de la Mer, & des Tritons, viennent faire une Feste Marine, où se meslent des Matelots & des Pescheurs.

### Deux Tritons.

MALGRE' *tant d'orages,*

*Et tant de naufrages,*
*Chacun à son tour*
*S'embarque avec l'Amour.*
*Par tout où l'on meine*
*Les Cœurs amoureux,*
*On voit la Mer pleine*
*D'Escueils dangereux,*
*Mais sans quelque peine*
*On n'est jamais heureux:*
*Une ame constante*
*Apres la tourmente*
*Espere un beau jour.*
*Malgré tant d'orages,*
*Et tant de naufrages,*
*Chacun à son tour*
*S'embarque avec l'Amour.*

*Un cœur qui differe*
*D'entrer en affaire*
*S'expose à manquer*
*Le temps de s'embarquer,*
*Une ame commune*
*S'estonne d'abord,*
*Le soin l'importune,*
*Le calme l'endort,*
*Mais quelle fortune*
*Fait-on sans quelque effort?*
*Est-il un commerce*

*Exempt de traverse?*
*Chacun doit risquer.*
*Un Cœur qui differe*
*D'entrer en affaire,*
*S'expose à manquer*
*Le temps de s'embarquer.*

Céphise vestuë en Nymphe de la Mer, chante au milieu des Divinitez Marines qui luy respondent.

*Ieunes Cœurs laissez-vous prendre*
*Le peril est grand, d'attendre,*
*Vous perdez d'heureux moments*
*En cherchant à vous défendre;*
*Si l'Amour a des tourments*
*C'est la faute des Amants.*

Une Nymphe de la Mer chante avec Céphise.

*Plus les Ames sont rebelles*
*Plus leurs peines sont cruelles,*
*Les plaisirs doux & charmants*
*Sont le prix des Cœurs fidelles:*
*Si l'Amour a des tourments*
*C'est la faute des Amants.*

LICOMEDE à ALCESTE.

*On vous apreste*
*Dans mon Vaisseau*
*Un divertissement nouveau.*

### LICOMEDE & STRATON.
*Venez voir ce que noſtre Feſte*
*Doit avoir de plus beau.*

Licomede conduit Alceſte dans ſon Vaiſſeau, Straton y meine Céphiſe, & dans le temps qu'Admete & Alcide y veulent paſſer, le Pont s'enfonce dans la Mer.

### ADMETE & ALCIDE.
*Dieux! le Pont s'abiſme dans l'eau.*

### LE CHOEUR DES THESSALIENS.
*Ah quelle trahiſon funeſte.*

### ALCESTE & CÉPHISE.
*Au ſecours, au ſecours.*

### ALCIDE.
*Perfide . . .*

### ADMETE.
*Alceſte . . .*

### ALCIDE & ADMETE.
*Laiſſons les vains diſcours.*
*Au ſecours, au ſecours.*

Les Theſſaliens courent s'embarquer pour ſuivre Licomede.

### LE CHOEUR DES THESSALIENS.
*Au ſecours, au ſecours.*

## SCENE VIII.
### THETIS, ADMETE.

THETIS sortant de la Mer.

ESPOUX infortuné redoute ma colere,
Tu vas haster l'instant qui doit finir tes jours;
C'est Thetis que la Mer revere,
Que tu vois contre toy du party de son Frere;
Et c'est à la mort que tu cours.

ADMETE courant s'embarquer.

Au secours, au secours.

THETIS.

Puis qu'on mesprise ma puissance
Que les vents deschainez
Que les flots mutinez
S'arment pour ma vengeance.

THETIS rentre dans la Mer, & les Aquilons excitent une tempeste qui agite les Vaisseaux qui s'efforcent de poursuivre Licomede.

## SCENE IX.

E'OLE, LES AQUILONS, LES ZEPHIRS.

### E'OLE.

LE Ciel protege les Heros:
Allez Admete, allez Alcide;
Le Dieu qui sur les Dieux preside
M'ordonne de calmer les flots:
Allez poursuivez un perfide.

 Retirez-vous
 Vents en courroux,
Rentrez dans vos prisons profondes:
Et laissez regner sur les ondes
 Les Zephirs les plus doux.

L'orage cesse, les Zephirs volent & font fuïr les Aquilons qui tombent dans la Mer avec les nuages qu'ils en avoient élevez, & les Vaisseaux d'Alcide & d'Admete poursuivent Licomede.

Fin du premier Acte.

# ACTE SECOND.

La Scene est dans l'Isle de Scyros, & le Theatre represente la Ville principale de l'Isle.

## SCENE PREMIERE.

### CEPHISE, STRATON.

#### CEPHISE.

LCESTE ne vient point, & nous devons attendre.

#### STRATON.
Que peut-elle pretendre?
Pourquoy se tourmenter icy mal à propos?
Ses cris ont beau se faire entendre,
Peut-estre son Espoux a peri dans les flots,
Et nous sommes enfin dans l'Isle de Scyros.

#### CEPHISE.
Tu ne te plaindras point que j'en use de mesme.
Ie t'ay donné peu d'embarras

*Tu vois*

Autre Veuë de la Cour des Fontaines et de la Gallerie d'Ulissé a Fontaine-bleau.
A PARIS Chez N. Langlois, ruë S.<sup>t</sup> Jacque a la Victoire. Avec privilege du Roy.

*Tu vois comme je suis tes pas.*
### STRATON.
*Tu sçais dissimuler une colere extresme.*
### CEPHISE.
*Et si je te disois que c'est toy seul que j'ayme ?*
### STRATON.
*Tu le dirois en vain je ne te croirois pas.*
### CEPHISE.
*Croy moy, si j'ay faint de changer*
*C'estoit pour te mieux engager.*

*Un Rival n'est pas inutile,*
*Il réveille l'ardeur & les soins d'un Amant;*
*Une conqueste facile*
*Donne peu d'empressement,*
*Et l'Amour tranquile*
*S'endort aisément.*

### STRATON.
*Non, non, ne tente point une seconde ruse,*
*Ie voy plus clair que tu ne crois.*
*On excuse d'abord un Amant qu'on abuse.*
*Mais la sotise est sans excuse*
*De se laisser tromper deux fois.*
### CEPHISE.
*N'est-il aucun moyen d'apaiser ta colere ?*

D

### STRATON.
*Confens à m'espouzer & sans retardement.*
### CEPHISE.
*Vne si grande affaire*
*Ne se fait pas si promptement*
*Vn Himen qu'on differe*
*N'en est que plus charmant.*
### STRATON.
*Vn Himen qui peut plaire*
*Ne couste guére,*
*Et c'est un nœud bien tost formé;*
*Rien n'est plus aisé que de faire*
*Vn Espoux d'un Amant aimé.*
### CEPHISE.
*Ie t'aime d'une amour sincere;*
*Et s'il est necessaire,*
*Ie m'offre à t'en faire un serment.*
### STRATON.
*Amusement, amusement.*
### CEPHISE.
*L'injuste enlevement d'Alceste*
*Attire dans ces lieux une guerre funeste,*
*Les plus braves des Grecs s'arment pour son secours:*
*Au milieu des cris & des larmes,*
*L'Himen a peu de charmes;*
*Attendons de tranquiles jours.*

*Le bruit affreux des armes*
*Effarouche bien les Amours.*
### STRATON.
*Discours, discours, discours.*
*Tu n'as qu'à m'espouzer pour m'oster tout ombrage,*
*Pourquoy differer davantage ?*
*A quoy servent tant de façons ?*
### CEPHISE.
*Rends moy la liberté pour m'espouzer sans crainte ;*
*Un Himen fait avec contrainte*
*Est un mauvais moyen de finir tes soupçons.*
### STRATON.
*Chansons, chansons, chansons.*

## SCENE II.
LICOMEDE, ALCESTE, STRATON, CEPHISE, Soldats de Licomede.

### LICOMEDE.
A LLONS, allons, la plainte est vaine.
### ALCESTE.
*Ah quelle rigueur inhumaine !*
### LICOMEDE.
*Allons, je suis sourd à vos cris,*

Ie me vange de vos mespris.
### ALCESTE.
Quoy vous serez inexorable?
### LICOMEDE.
Cruelle, vous m'avez apris
A devenir impitoyable.
### ALCESTE.
Est-ce ainsi que l'Amour a sçeu vous émouvoir?
Est-ce ainsi que pour moy vostre ame est attendrie?
### LICOMEDE.
L'Amour se change en Furie
Quand il est au desespoir
Puis que je perds toute esperance,
Ie veux desesperer mon Rival à son tour;
Et les douceurs de la Vengeance
Ont dequoy consoler les rigueurs de l'Amour.
### ALCESTE.
Voyez la douleur qui m'accable.
### LICOMEDE.
Vous avez sans pitié regardé ma douleur.
Vous m'avez rendu miserable
Vous partagerez mon mal-heur.
### ALCESTE.
Admete avoit mon cœur dés ma plus tendre enfance;
Nous ne connoissons pas l'Amour ny sa puissance.

*Lors que d'un nœud fatal il vint nous enchaisner:*
*Ce n'est pas une grande offence*
*Que le refus d'un cœur qui n'est plus à donner.*

### LICOMEDE.

*Est-ce aux Amants qu'on desespere*
*A devoir rien examiner*
*Non, je ne puis vous pardonner*
*D'avoir trop sçeu me plaire.*
*Que ne m'ont point cousté vos funestes attraits!*
*Ils ont mis dans mon cœur une cruelle flame,*
*Ils ont arraché de mon ame*
*L'innocence, & la paix.*
*Non, Ingrate, non, Inhumaine,*
*Non, quelle que soit vostre peine,*
*Non, je ne vous rendray jamais*
*Tous les maux que vous m'avez faits.*

### STRATON.

*Voicy l'Ennemy qui s'avance*
*En diligence.*

### LICOMEDE.

*Preparons-nous*
*A nous defendre.*

### ALCESTE.

*Ah Cruel, que n'espargnez-vous*
*Le sang qu'on va respandre!*

LICOMEDE & ses Soldats.

*Perissons tous
Plûtost que de nous rendre.*

Licomede contraint Alceste d'entrer dans la Ville, Céphise la suit, & les Soldats de Licomede ferment la Porte de la Ville aussi tost qu'ils y sont entrez.

## SCENE III.

ADMETE, ALCIDE, LYCHAS, Soldats assiegeans.

### ADMETE & ALCIDE.

MARCHEZ, marchez, marchez.
Aprochez, Amis, aprochez,
Marchez, marchez, marchez.
Hastons-nous de punir des Traistres,
Rendons-nous Maistres
Des Murs qui les tiennent cachez.
Marchez, marchez, marchez.

## SCENE IV.

LICOMEDE, STRATON Soldats assiegez,
ADMETE, ALCIDE, LYCHAS, Soldats,
assiegeans.

### LICOMEDE sur les Remparts.

NE pretendez pas nous surprendre,
Venez, nous allons vous attendre :
Nous ferons tous nostre devoir
Pour vous bien recevoir.

### STRATON, & les Soldats assiegez.

Nous ferons tous nostre devoir
Pour vous bien recevoir.

### ADMETE.

Perfide, évite un sort funeste,
On te pardonne tout si tu veux rendre Alceste.

### LICOMEDE.

J'aime mieux mourir, s'il le faut,
Que de ceder jamais cét Objet plein de charmes.

### ADMETE & ALCIDE.

A l'assaut, à l'assaut.

### LICOMEDE & STRATON.

Aux armes, aux armes.

LES ASSIEGEANS.
*A l'assaut, à l'assaut.*
LES ASSIEGEZ.
*Aux armes, aux armes.*
ADMETE, ALCIDE & LICOMEDE.
*A moy, Compagnons, à moy.*
ADMETE & LICOMEDE.
*A moy, suivez vostre Roy.*
ALCIDE.
*C'est Alcide.
Qui vous guide.*
ADMETE, ALCIDE & LICOMEDE.
*A moy, Compagnons, à moy.*

On fait avancer des Beliers & autres Machines de guerre pour battre la Place.

TOUS ENSEMBLE.
*Donnons, donnons de toutes parts.*
LES ASSIEGEANS.
*Que chacun à l'envy combatte.
Que l'on abatte
Les Tours, & les Remparts.*
TOUS ENSEMBLE.
*Donnons, donnons de toutes parts.*

LES

## Les Assiegez.

*Que les Ennemis, pesle mesle,*
*Trébuchent sous l'affreuse gresle*
*De nos fléches, & de nos dards.*

### Tous.

*Donnons, donnons de toutes parts.*
*Courage, courage, courage,*
*Ils sont à nous, ils sont à nous.*

### Alcide.

*C'est trop disputer l'avantage,*
*Ie vais vous ouvrir un passage,*
*Suivez-moy tous, suivez-moy tous.*

### Tous ensemble.

*Courage, courage, courage,*
*Ils sont à nous, ils sont à nous.*

Les Assiegez voyant leurs Remparts à demy abattus, & la Porte de la Ville enfoncée, font un dernier effort dans une sortie pour repousser les Assiegeans.

### Les Assiegeans.

*Achevons d'emporter la Place;*
*L'Ennemy commence à plier.*
*Main basse, main basse, main basse.*

### Les Assiegez rendans les Armes.

*Quartier, quartier, quartier.*

E

LES ASSIEGEANS.
*La Ville est prise.*
LES ASSIEGEZ.
*Quartier, quartier, quartier.*
LYCHAS terrassant STRATON.
*Il faut rendre Céphise.*
STRATON.
*Ie suis ton prisonnier,
Quartier, quartier, quartier.*

## SCENE V.

PHERES armé, & marchant avec peine.

COurage Enfants, je suis à vous;
Mon bras va seconder vos coups :
Mais c'en est déja fait, & l'on a pris la Ville;
La foiblesse de l'âge a retardé mes pas :
    La valeur devient inutile
   Quand la force n'y respond pas.

   *Que la vieillesse est lente,
   Les efforts qu'elle tente
   Sont toûjours impuissans :*
*C'est une charge bien pesante
Qu'un fardeau de quatre-vingts ans.*

## SCENE VI.
ALCIDE, ALCESTE, CEPHISE, PHERES,
LYCHAS, STRATON enchaifné.

#### ALCIDE A PHERES.

Rendez à voſtre Fils cette aimable Princeſſe
#### PHERES.
Ce don de voſtre main feroit encor plus doux.
#### ALCIDE.
Allez, allez la rendre à ſon heureux Eſpoux.
#### ALCESTE.
Tout eſt ſoûmis, la guerre ceſſe ;
Seigneur, pourquoy me laiſſez-vous ?
Quel nouveau ſoin vous preſſe ?
#### ALCIDE.
Vous n'avez rien à redouter,
Ie vais chercher ailleurs des Tyrans à dompter.
#### ALCESTE.
Les nœuds d'une amitié preſſante
Ne retiendront-ils point voſtre Ame impatiente ?
Et la Gloire toûjours vous doit-elle emporter ?
#### ALCIDE.
Gardez-vous bien de m'arreſter.

E ij

ALCESTE.
*C'est vostre Valeur triomphante*
*Qui fait le sort charmant que nous allons goûter;*
*Quelque douceur que l'on ressente,*
*Vn Amy tel que vous l'augmente,*
*Voulez-vous si-tost nous quitter?*

ALCIDE.
*Gardez-vous bien de m'arrester.*
*Laissez, laissez moy fuïr un charme qui m'enchante:*
*Non, toute ma vertu n'est pas assez puissante*
*Pour répondre d'y resister.*
*Non, encore une fois, Princesse trop charmante,*
*Gardez-vous bien de m'arrester.*

## SCENE VII.

ALCESTE, PHERES, CEPHISE.

A TROIS.
Cherchons Admete promptement.

ALCESTE.
*Peut-on chercher ce qu'on aime*
*Avec trop d'empressement!*
*Quand l'amour est extréme,*
*Le moindre esloignement*
*Est un cruel tourment.*

ALCESTE, PHERES, & CEPHISE.
*Cherchons Admete promptement.*

## SCENE VIII.
ADMETE blessé, CLEANTE, ALCESTE, PHERES, CEPHISE, Soldats.

### ALCESTE.
O *Dieux! quel spectacle funeste?*
### CLEANTE.
*Le Chef des Ennemis mourant, & terrassé,*
*De sa rage expirante a ramassé le reste,*
*Le Roy vient d'en estre blessé.*
### ADMETE.
*Ie meurs, charmante Alceste,*
*Mon sort est assez doux*
*Puis que je meurs pour vous.*
### ALCESTE.
*C'est pour vous voir mourir que le Ciel me délivre!*
### ADMETE.
*Avec le nom de vostre Espoux*
*I'eusse esté trop heureux de vivre;*
*Mon sort est assez doux*

*Puis que je meurs pour vous.*

### ALCESTE.
*Est-ce là cét Hymen si doux, si plein d'appas,*
*Qui nous promettoit tant de charmes ?*
*Faloit-il que si-tost l'aveugle sort des armes*
*Tranchast des nœuds si beaux par un affreux trépas ?*
*Est-ce là cét Hymen si doux, si plein d'appas,*
*Qui nous promettoit tant de charmes ?*

### ADMETE.
*Belle Alceste ne pleurez pas,*
*Tout mon sang ne vaut point vos larmes.*

### ALCESTE.
*Est-ce là cét Hymen si doux, si plein d'appas,*
*Qui nous promettoit tant de charmes ?*

### ADMETE.
*Alceste, vous pleurez.*

### ALCESTE.
*Admete, vous mourez.*

### ADMETE & ALCESTE ensemble.
*Alceste, vous pleurez ;*
*Admete, vous mourez.*

### ALCESTE.
*Se peut-il que le Ciel permette,*
*Que les cœurs d'Alceste & d'Admete*
*Soient ainsi separez ?*

ADMETE & ALCESTE.

*Alceste, vous pleurez,*
*Admete, vous mourez.*

## SCENE IX.
APOLLON, LES ARTS, ADMETE, ALCESTE, PHERES, CEPHISE, CLEANTE, Soldats.

APOLLON environné des Arts.

*LA Lumiere aujourd'huy te doit estre ravie;*
*Il n'est qu'un seul moyen de prolonger ton sort;*
*Le Destin me promet de te rendre à la vie,*
*Si quelqu'Autre pour toy veut s'offrir à la mort.*
 *Reconnoist si quelqu'un t'aime parfaitement;*
*Sa mort aura pour prix une immortelle gloire:*
  *Pour en conserver la memoire*
*Les Arts vont élever un pompeux Monument.*

Les Arts qui sont autour d'Apollon se separent sur des Nuages differents, & tous descendent pour élever un Monument superbe, tandis qu'Apollon s'envole.

Fin du second Acte.

# ACTE TROISIEME.

Le Theatre est un grand Monument élevé par les Arts. Un Autel vuide paroist au milieu pour servir à porter l'Image de la personne qui s'immolera pour Admete.

## SCENE PREMIERE.
### ALCESTE, PHERES, CEPHISE.

#### ALCESTE.

*Ah pourquoy nous separez-vous ?*
*Eh du moins attendez que la Mort nous separe ;*
  *Cruels, quelle pitié barbare*
*Vous presse d'arracher Alceste à son Espoux ?*
*Ah pourquoy nous separez-vous ?*

#### PHERES, & CEPHISE.

*Plus vostre Espoux mourant voit d'amour, & d'appas,*
*Et plus le jour qu'il perd luy doit faire d'envie :*

Veuë de l'Estang, du Jardin, et de la Cour des Fontaines, a Fontaine-bleau.
A PARIS chez N. Langlois, rue S.t Jacque a la Victoire. Avec privilege du Roy.

*Ce sont les douceurs de la vie*
*Qui font les horreurs du trépas.*

### ALCESTE.

Les Arts n'ont point encore achevé leur ouvrage;
Cét Autel doit porter la glorieuse Image
 *De qui signalera sa foy*
 *En mourant pour sauver son Roy.*

*Le prix d'une gloire immortelle*
*Ne peut-il toucher un grand Cœur?*
*Faut-il que la Mort la plus belle*
*Ne laisse pas de faire peur?*

*A quoy sert la foule importune*
*Dont les Roys sont embarassez?*
*Un coup fatal de la Fortune*
*Escarte les plus empressez.*

### ALCESTE, PHERÉS, & CÉPHISE.

*De tant d'Amis qu'avoit Admete*
*Aucun ne vient le secourir;*
*Quelque honneur qu'on promette*
 *On le laisse mourir.*

### PHERES.

J'aime mon Fils, je l'ay fait Roy;
Pour prolonger son sort je mourrois sans effroy,
Si je pouvois offrir des jours dignes d'envie;
 Ie n'ay plus qu'un reste de vie
Ce n'est rien pour Admete, & c'est beaucoup pour moy.

### CE'PHISE.

*Les Honneurs les plus éclatans*
*En vain dans le Tombeau promettēt de nous suivre;*
*La Mort est affreuse en tout temps:*
*Mais peut-on renoncer à vivre*
*Quand on n'a vescu que quinze ans?*

### ALCESTE.

*Chacun est satisfait des excuses qu'il donne:*
*Cependant on ne voit personne*
*Qui pour sauver Admete ose perdre le jour;*
*Le Devoir, l'Amitié, le Sang, tout l'abandonne,*
*Il n'a plus d'espoir qu'en l'Amour.*

## SCENE II.

### PHERES, LE CHOEUR, CLEANTE.

### PHERES.

*Voyons encor mon Fils, allons, hastons nos pas;*
*Ses yeux vont se couvrir d'éternelles tenebres.*

### LE CHOEUR.

*Helas! helas! helas!*

### PHERES.

*Quels cris! quelles plaintes funebres!*

### LE CHOEUR.

*Helas! helas! helas!*

#### PHERES.

*Où vas-tu ? Cleante, demeure.*

#### CLEANTE.

*Helas ! helas !*
*Le Roy touche à sa derniere heure,*
*Il s'affoiblit, il faut qu'il meure,*
*Et je viens pleurer son trespas.*
*Helas ! helas !*

#### LE CHOEUR.

*Helas ! helas ! helas !*

#### PHERES.

*On le plaint, tout le monde pleure,*
*Mais nos pleurs ne le sauvent pas.*
*Helas ! helas !*

#### LE CHOEUR.

*Helas ! helas ! helas !*

## SCENE III.

LE CHOEUR, ADMETE, PHERES, CLEANTE.

#### LE CHOEUR.

O *Trop heureux Admete !*
*Que vostre sort est beau !*

F ij

###### PHERES & CLEANTE.
*Quel changement ! quel bruit nouveau !*

###### LE CHOEUR.
*O trop heureux Admete !*
*Que voſtre ſort eſt beau !*

###### PHERES & CLEANTE *voyant Admete guery.*
*L'effort d'une Amitié parfaite*
*L'a ſauvé du Tombeau.*

###### PHERES *embraſſant Admete.*
*O trop heureux Admete !*
*Que voſtre ſort eſt beau !*

###### LE CHOEUR.
*O trop heureux Admete !*
*Que voſtre ſort eſt beau ?*

###### ADMETE.
*Qu'une Pompe funebre*
*Rende à jamais celebre*
*Le genereux effort*
*Qui m'arrache à la Mort.*

*Alceſte n'aura plus d'allarmes,*
*Ie reverray ſes yeux charmants*
*A qui j'ay couſté tant de larmes :*
*Que la vie a de charmes*
*Pour les heureux Amants !*

*Achevez, Dieux des Arts, faites nous voir l'Image*
*Qui doit eternifer la grandeur de courage*
  *De qui s'eſt immolé pour moy ;*
  *Ne differez point davantage...*
  *Ciel ! ô Ciel ! qu'eſt-ce que je voy !*

L'Autel s'ouvre, & l'on voit ſortir l'Image d'Alceſte qui ſe perce le ſein.

## SCENE IV.

CE'PHISE, ADMETE, PHERES, CLEANTE, LE CHOEUR.

### CE'PHISE.

**A***Lceſte eſt morte.*

### ADMETE.

  *Alceſte eſt morte !*

### LE CHOEUR.

*Alceſte eſt morte.*

### CE'PHISE.

*Alceſte a ſatisfait les Parques en courroux ;*
*Voſtre Tombeau s'ouvroit, elle y deſcend pour vous,*
*Elle-meſme a voulu vous en fermer la porte ;*
  *Alceſte eſt morte.*

ADMETE.

*Alceste est morte!*

LE CHOEUR.

*Alceste est morte.*

CEPHISE.

*J'ay couru, mais trop tard pour arrester ses coups :*
*Iamais en faveur d'un Espoux*
*On ne verra d'ardeur si fidelle & si forte;*
*Alceste est morte.*

ADMETE.

*Alceste est morte!*

LE CHOEUR.

*Alceste est morte.*

CEPHISE.

*Sujets, Amis, Parents, vous abandonnoient tous;*
*Sur les Droits les plus forts, sur les Nœuds les plus*
*doux,*
*L'Amour, le tendre Amour l'emporte :*
*Alceste est morte.*

ADMETE.

*Alceste est morte!*

LE CHOEUR.

*Alceste est morte.*

Admete tombe accablé de douleur entre les bras de sa suite.

## SCENE V.

Troupe de Femmes affligées, Troupe d'Hommes desolez, qui portent des fleurs, & tous les ornements qui ont servy à parer Alceste.

### TOUS ENSEMBLE.

*Formons les plus lugubres chants,*
*Et les regrets les plus touchants.*

### UNE FEMME AFFLIGE'E.

*La Mort, la Mort barbare,*
*Détruit aujourd'huy mille appas.*
*Quelle Victime, helas !*
*Fut jamais si belle, & si rare ?*
*La Mort, la Mort barbare*
*Détruit aujourd'huy mille appas.*

### UN HOMME DESOLE'.

*Alceste si jeune, & si belle,*
*Court se precipiter dans la Nuit eternelle ;*
*Pour sauver ce qu'elle aime elle a perdu le jour.*

### LE CHOEUR.

*O trop parfait Modelle*
*D'une Espouse fidelle !*
*O trop parfait Modelle*
*D'un veritable Amour !*

UNE FEMME AFFLIGE'E.

*Que noſtre Zéle ſe partage ;*
*Que les uns par leurs chants celebrent ſon courage,*
*Que d'autres par leurs cris déplorent ſes mal-heurs.*

LE CHOEUR.

*Rendons hommage*
*A ſon Image ;*
*Iettons des fleurs,*
*Verſons des pleurs.*

UNE FEMME AFFLIGE'E.

*Alceſte, la Charmante Alceſte,*
*La fidelle Alceſte n'eſt plus.*

LE CHOEUR.

*Alceſte, la Charmante Alceſte,*
*La fidelle Alceſte n'eſt plus.*

UNE FEMME AFFLIGE'E.

*Tant de beautez, tant de vertus,*
*Meritoient un ſort moins funeſte.*

LE CHOEUR.

*Alceſte, la Charmante Alceſte,*
*La fidelle Alceſte n'eſt plus.*

Un tranſport de douleur ſaiſit les deux Troupes affligées, une partie déchire ſes habits, l'autre s'arrache les cheveux, & chacun briſe au pied de l'Image d'Alceſte les ornements qu'il porte à la main.

## Le Chœur.

*Rompons, brisons le triste reste*
*De ces Ornemens superflus.*

*Que nos pleurs, que nos cris renouvellent sans cesse*
*Allons porter par tout la douleur qui nous presse.*

## SCENE VI.

ADMETE, PHERES, CEPHISE, CLEANTE, suite.

ADMETE revenu de son évanoüissement, & se voyant desarmé.

*Sans Alceste, sans ses appas,*
*Croyez-vous que je puisse vivre ?*
*Laissez moy courir au Trespas*
*Où ma chere Alceste se livre.*
*Sans Alceste sans ses appas,*
*Croyez-vous que je puisse vivre ?*
*C'est pour moy qu'elle meurt, helas !*
*Pourquoy m'empescher de la suivre ?*
*Sans Alceste, sans ses appas,*
*Croyez-vous que je puisse vivre.*

G

## SCENE VII.

ALCIDE, ADMETE, PHERES, CEPHISE, CLEANTE.

### ALCIDE.

TU me vois arresté sur le point de partir
Par les tristes clameurs qu'on entend retentir.

### ADMETE.

Alceste meurt pour moy par une amour extresme,
Ie ne reverray plus les yeux qui m'ont charmé :
    Helas ! j'ay perdu ce que j'aime
    Pour avoir esté trop aimé.

### ALCIDE.

J'aime Alceste, il est temps de ne m'en plus defendre;
Elle meurt, ton amour n'a plus rien à pretendre ;
Admete, cede moy la Beauté que tu perds :
Au Palais de Pluton j'entreprends de descendre :
    J'iray jusqu'au fonds des Enfers
    Forcer la Mort à me la rendre.

### ADMETE.

    Ie verrois encore ses beaux yeux ?
Allez, Alcide, allez, revenez glorieux,
    Obtenez qu'Alceste vous suive :
    Le Fils du plus puissant des Dieux
Est plus digne que moy du bien dont on me prive.

*Allez, allez, ne tardez pas,*
*Arrachez Alceste au Trespas,*
*Et ramenez au jour son Ombre fugitive;*
*Qu'elle vive pour vous avec tous ses appas,*
*Admete est trop heureux pourveu qu'Alceste vive.*

PHERES, CEPHISE, CLEANTE.

*Allez, allez, ne tardez pas,*
*Arrachez Alceste au Trespas.*

## SCENE VIII.

DIANE, MERCURE, ALCIDE, ADMETE,
PHERES, CEPHISE, CLEANTE.

La Lune paroist, son Globe s'ouvre, & fait voir Diane sur un Nuage brillant.

### DIANE.

LE Dieu dont tu tiens la naissance
Oblige tous les Dieux d'estre d'intelligence
  *En faveur d'un dessein si beau;*
  *Ie viens t'offrir mon assistance;*
  *Et Mercure s'avance*
*Pour t'ouvrir aux Enfers un passage nouveau.*

Mercure vient en volant frapper la Terre de son Caducée, l'Enfer s'ouvre, & Alcide y descend.

Fin du troisième Acte.

# ACTE QVATRIEME.

Le Theatre represente le Fleuve Acheron & ses sombres Rivages.

## SCENE PREMIERE.

### CHARON, LES OMBRES.

CHARON ramant sa Barque.

IL faut passer tost ou tard,
Il faut passer dans ma Barque.
On y vient jeune, ou vieillard,
Ainsi qu'il plaist à la Parque;
On y reçoit sans égard,
Le Berger, & le Monarque.
Il faut passer tost ou tard,
Il faut passer dans ma Barque.
Vous qui voulez passer, venez, Manes errants,
Venez, avancez, tristes Ombres,
Payez le tribut que je prens,
Où retournez errer sur ces Rivages sombres.

### LES OMBRES.
*Passe-moy, Charon, passe-moy.*
### CHARON.
*Il faut auparavant que l'on me satisfasse,*
*On doit payer les soins d'un si penible employ.*
### LES OMBRES.
*Passe-moy, Charon, passe-moy.*

Charon fait entrer dans sa Barque les Ombres qui ont dequoy le payer.

### CHARON.
*Donne, passe, donne, passe,*
   *Demeure toy.*
*Tu n'as rien, il faut qu'on te chasse.*

### UNE OMBRE rebuttée.
*Une Ombre tient si peu de place.*

### CHARON.
*Où paye, où tourne ailleurs tes pas.*

### L'OMBRE.
*De grace, par pitié, ne me rebutte pas.*

### CHARON.
  *La pitié n'est point icy bas,*
  *Et Charon ne fait point de grace.*

### L'OMBRE.
*Helas! Charon, helas! helas!*

CHARON.
*Crie helas! tant que tu voudras,*
*Rien pour rien, en tous lieux est une loy suivie:*
*Les mains vuides sont sans appas,*
*Et ce n'est point assés de payer dans la vie.*
*Il faut encore payer au delà du Trépas.*

L'OMBRE en se retirant.
*Helas! Charon, helas! helas!*

CHARON.
*Il m'importe peu que l'on crie*
*Helas! Charon, helas! helas!*
*Il faut encore payer au delà du Trépas.*

## SCENE II.

ALCIDE, CHARON, LES OMBRES.

ALCIDE sautant dans la Barque.
*SORTEZ, Ombres, faites moy place,*
*Vous passerez une autre fois.*
Les Ombres s'enfuïent.

CHARON.
*Ah ma Barque ne peut souffrir un si grand poids!*

ALCIDE.
*Allons, il faut que l'on me passe.*

### CHARON.
*Retire-toy d'icy, Mortel, qui que tu sois,*
*Les Enfers irritez puniront ton audace.*
### ALCIDE.
*Passe-moy, sans tant de façons.*
### CHARON.
*L'eau nous gagne, ma Barque créve.*
### ALCIDE.
*Allons, rame, dépesche, achéve.*
### CHARON.
*Nous enfonçons.*
### ALCIDE.
*Passons, passons.*

## SCENE III.

Le Theatre change, & represente le Palais de Pluton.

**PLUTON, PROSERPINE, L'OMBRE D'ALCESTE,** Suivans de Pluton.

### PLUTON sur son Thrône.

RECOY le juste prix de ton amour fidelle ;
Que ton destin nouveau soit heureux à jamais:

*Commence de goûter la douceur eternelle*
*D'une profonde paix.*
SUIVANTS DE PLUTON.
*Commence de goûter la douceur eternelle*
*D'une profonde paix.*
PROSERPINE à costé de PLUTON.
*L'Espouze de Pluton te retient auprés d'elle :*
*Tous tes vœux seront satisfaits.*
SUIVANTS DE PLUTON.
*Commence de goûter la douceur eternelle*
*D'une profonde paix.*
PLUTON & PROSERPINE.
*En faveur d'une Ombre si belle,*
*Que l'Enfer fasse voir tout ce qu'il a d'attraits.*
SUIVANTS DE PLUTON.
*En faveur d'une Ombre si belle*
*Que l'Enfer fasse voir tout ce qu'il a d'attraits.*

Les Suivants de Pluton se réjoüissent de la venuë d'Alceste dans les Enfers, par une espece de Feste.

SUIVANTS DE PLUTON.
*Tout mortel doit icy paroistre,*
*On ne peut naistre*
*Que pour mourir :*
*De cent maux le Trespas délivre ;*

*Qui*

*Qui cherche à vivre*
*Cherche à souffrir.*
*Venez tous sur nos sombres bords.*
*Le repos qu'on desire*
*Ne tient son Empire*
*Que dans le sejour des Morts.*

*Chacun vient icy bas prendre place,*
*Sans cesse on y passe,*
*Iamais on n'en sort.*
*C'est pour tous une loy necessaire;*
*L'effort qu'on peut faire*
*N'est qu'un vain effort:*
*Est-on sage*
*De fuïr ce passage?*
*C'est un orage*
*Qui meine au Port.*
*Chacun vient icy bas prendre place,*
*Sans cesse on y passe,*
*Iamais on n'en sort.*
*Tous les charmes,*
*Plaintes, cris, larmes,*
*Tout est sans armes*
*Contre la Mort.*
*Chacun vient icy bas prendre place,*
*Sans cesse on y passe,*
*Iamais on n'en sort.*

H

## SCENE IV.

ALECTON, PLUTON, PROSERPINE,
L'OMBRE D'ALCESTE, SUIVANTS
DE PLUTON.

### ALECTON.

Quittez, quittez les Ieux, songez à vous defendre,
Contre vn Audacieux vnissons nos efforts :
Le Fils de Iupiter vient icy de descendre
Seul, il ose attaquer tout l'Empire des Morts.

### PLUTON.

Qu'on arreste, ce Temeraire,
Armez vous, Amis, armez vous,
Qu'on deschaine, Cerbere,
Courez tous, courez tous,
On entend aboyer Cerbere.

### ALECTON.

Son bras abat tout ce qu'il frappe,
Tout cede à ses horribles coups.
Rien ne resiste, rien n'eschape.

## SCENE V.

ALCIDE, PLUTON, PROSERPINE,
ALECTON, Suivants de Pluton.

PLUTON, *voyant Alcide qui enchaine Cerbere.*

INsolent jusqu'icy braves-tu mon courroux?
  Quelle injuste audace t'engage,
  A troubler la paix de ces lieux?

### ALCIDE.

Ie suis né pour dompter la rage
Des Monstres les plus furieux.

### PLUTON.

Est-ce le Dieu jaloux qui lance le Tonnerre
  Qui t'oblige à porter la guerre
  Iusqu'au centre de l'Univers?
Il tient sous son pouvoir & le Ciel & la Terre,
Veut-il encor ravir l'Empire des Enfers?

### ALCIDE.

Non, Pluton, regne en paix, joüis de ton partage;
Ie viens chercher Alceste en cét affreux Séjour,
  Permets que je la rende au jour,
  Ie ne veux point d'autre avantage.
  Si c'est te faire outrage
  D'entrer par force dans ta Cour

*Pardonne à mon Courage*
*Et fais grace à l'Amour.*

### PROSERPINE.

*Un grand Cœur peut tout quand il aime,*
*Tout doit ceder à son effort.*
*C'est un Arrest du Sort,*
*Il faut que l'Amour extréme*
*Soit plus fort*
*Que la Mort.*

### PLUTON.

*Les Enfers, Pluton luy-mesme,*
*Tout doit en estre d'accord;*
*Il faut que l'Amour extresme*
*Soit plus fort*
*Que la Mort.*

### SUIVANTS DE PLUTON.

*Il faut que l'Amour extréme*
*Soit plus fort*
*Que la Mort.*

### PLUTON.

*Que pour revoir le jour l'Ombre d'Alceste sorte ;*

Pluton donne un coup de son Trident & fait sortir son Char.

*Prenez place tous deux au Char dont je me sers :*
*Qu'au gré de vos vœux, il vous porte ;*

*Partez, les chemins sont ouverts.*
*Qu'une volante E[s]orte*
*Vous conduise au travers*
*Des noires vapeurs des Enfers.*

Alcide & l'Ombre d'Alceste se placent sur le Char de Pluton, qui les enleve sous la conduite d'une Troupe volante de Suivants de Pluton.

Fin du quatriéme Acte.

# ACTE CINQVIEME.

Le Theatre change, & represente vn Arc de Triomphe au milieu de deux Amphiteatres, où l'on void vne multitude de differents Peuples de la Gréce assemblez pour recevoir Alcide triomphant des Enfers.

## SCENE PREMIERE.
### ADMETE, LE CHOEUR.

#### ADMETE.

*Lcide est vainqueur du Trépas,*
*L'Enfer ne luy resiste pas.*
*Il rameine Alceste vivante;*
 *Que chacun chante,*
*Alcide est vainqueur du Trépas,*
*L'Enfer ne luy resiste pas.*

LE CHOEUR sur l'Arc de Triomphe & sur les Amphiteatres.

*Alcide est vainqueur du Trépas.*
*L'Enfer ne luy resiste pas.*

### ADMETE.

*Quelle douleur secrette*
*Rend mon ame inquiette,*
*Et trouble mon amour.*
*Alceste voit encor le jour,*
*Mais c'est pour vn autre qu'Admete.*

### LE CHOEUR.

*Alcide est vainqueur du Trépas,*
*L'Enfer ne luy resiste pas.*

### ADMETE.

*Ah! du moins cachons ma tristesse;*
*Alceste dans ces Lieux rameine les plaisirs.*
*Ie dois rougir de ma foiblesse,*
*Quelle honte à mon cœur de mesler des souspirs*
*Avec tant de cris d'allegresse.*

### LE CHOEUR.

*Alcide est vainqueur du Trépas,*
*L'Enfer ne luy resiste pas.*

### ADMETE.

*Par vne ardeur impatiente*
*Courons, & devançons ses pas.*
*Il rameine Alceste vivante,*
    *Que chacun chante.*

### ADMETE, & LE CHOEUR.

*Alcide est vainqueur du Trépas,*
*L'Enfer ne luy resiste pas.*

## SCENE II.

LYCHAS, STRATON enchaiſné.

### STRATON.

Ne m'oſteras-tu point la chaine qui m'accable,
Dans ce jour deſtiné pourtant d'aimables jeux!
Ah! qu'il eſt rigoureux
D'eſtre ſeul miſerable
Quand on voit tout le monde heureux!

### LYCHAS mettant Straton en liberté.

Aujourd'huy qu'Alcide rameine
Alceſte des Enfers,
Ie veux finir ta peine.
Qu'on ne porte plus d'autres fers
Que ceux dont l'Amour nous enchaine.

### STRATON, & LYCHAS.

Qu'on ne porte plus d'autres fers
Que ceux dont l'Amour nous enchaine.

## SCENE III.

CEPHISE, LYCHAS, STRATON.

### LYCHAS, & STRATON.

Voy, Céphiſe, voy qui de nous

*Peut*

*Peut rendre ton destin plus doux,*
*Et termine enfin nos querelles.*

### LYCHAS.

*Mes amours seront eternelles.*

### STRATON.

*Mon cœur ne sera plus jaloux.*

### LYCHAS & STRATON.

*Entre deux Amants fidelles,*
*Choisis vn heureux Espoux.*

### CEPHISE.

*Ie n'ay point de choix à faire ;*
*Parlons d'aimer & de plaire,*
*Et vivons toûjours en paix.*
*L'Himen détruit la tendresse*
*Il rend l'Amour sans attraits ;*
*Voulez-vous aimer sans cesse,*
*Amants, n'espousez jamais*

### CEPHISE, LYCHAS, & STRATON.

*L'Himen détruit la tendresse,*
*Il rend l'Amour sans attraits ;*
*Voulez-vous aimer sans cesse,*
*Amants n'espousez jamais.*

### CEPHISE.

*Prenons part aux transports d'vne joye éclatante :*
*Que chacun chante.*

### TOUS ENSEMBLE.

*Alcide est vainqueur du Trépas.*
*L'Enfer ne luy resiste pas.*
*Il rameine Alceste vivante,*
   *Que chacun chante*
*Alcide est vainqueur du Trépas*
*L'Enfer ne luy resiste pas.*

## SCENE IV.

ALCIDE, ALCESTE, ADMETE, CE'PHISE, LYCHAS, STRATON, PHERES, CLEANTE, LE CHOEUR.

### ALCIDE.

POUR vne si belle victoire
  *Peut-on avoir trop entrepris?*
*Ah qu'il est doux de courir à la gloire*
*Lors que l'Amour en doit donner le prix!*
*Vous détournez vos yeux! je vous trouve insensible?*
*Admete a seul icy vos regards les plus doux?*

### ALCESTE.

*Ie fais ce qui m'est possible*
*Pour ne regarder que vous.*

### ALCIDE.

*Vous devez suivre mon envie,*
*C'est pour moy qu'on vous rend le jour.*

ALCESTE.
*Ie n'ay pû reprendre la vie*
*Sans reprendre aussi mon amour.*

ALCIDE.
*Admete en ma faveur vous a cedé luy-mesme.*

ADMETE.
*Alcide pouvoit seul vous oster au Trépas.*
*Alceste, vous vivez, je revoy vos appas,*
*Ay-je pû trop payer cette douceur extréme.*

ADMETE & ALCESTE.
*Ah que ne fait-on pas*
*Pour sauver ce qu'on aime!*

ALCIDE.
*Vous soûpirez, tous deux au gré de vos desirs;*
*Est-ce ainsi qu'on me tient parole?*

ADMETE & ALCESTE ensemble.
*Pardonnez aux derniers soûpirs*
*D'vn mal-heureux Amour qu'il faut qu'on vous insmole.*

Alceste.
Admete. } *il ne faut plus nous voir.*

*D'vn autre que* { *de moy vostre sort* } *doit dépendre,*
{ *de vous mon destin* }

*Il faut dans les grands Cœurs que l'Amour le plus tendre*
*Soit la Victime du devoir.*

I ij

*Alceſte* } *il ne faut plus nous voir.*
*Admete*

Admete ſe retire, & Alceſte offre ſa main à Alcide qui arreſte Admete, & luy cede la main qu'Alceſte luy preſente.

### ALCIDE.

*Non, non, vous ne devez pas croire*
*Qu'vn Vainqueur des Tirans ſoit Tiran à ſon tour:*
*Sur l'Enfer, ſur la Mort, j'emporte la victoire;*
*Il ne manque plus à ma gloire*
*Que de triompher de l'Amour.*

### ADMETE & ALCIDE.

*Ah quelle gloire extreſme !*
*Quel heroïque effort !*
*Le Vainqueur de la Mort*
*Triomphe de luy-meſme.*

## SCENE V.

APOLLON, LES MUSES, LES JEUX, ALCIDE, ADMETE, ALCESTE, & leur Suite.

Apollon deſcend dans vn Palais éclatant au milieu des Muſes & des Jeux qu'il ameine pour prendre part à la joye d'Admete & d'Alceſte, & pour celebrer le Triomphe d'Alcide.

### APOLLON.

Les Muses & les Ieux s'empressent de descendre,
Apollon les conduit dans ces aimables lieux.
Vous, à qui j'ay pris soin d'aprendre
A chanter vos Amours sur le ton le plus tendre,
Bergers, chantez avec les Dieux.
Chantons, chantons, faisons entendre
Nos chansons jusques dans les Cieux.

## SCENE SIXIE'ME ET DERNIERE.

Une Troupe de Bergers & de Bergeres, & vne Troupe de Pastres, dont les vns chantent & les autres dancent, viennent par l'ordre d'Apollon contribuer à la rejouïssance.

Les Choeurs des Muses des Thessaliens
& des Bergers chantent ensemble.

Chantons, chantons, faisons entendre
Nos chansons jusques dans les Cieux.

Straton chante au milieu des Pastres dançants.

A Quoy bon
Tant de raison
Dans le bel âge ?
A quoy bon
Tant de raison
Hors de saison ?

*Qui craint le danger*
*De s'engager*
*Est sans courage :*
*Tout rit aux Amants,*
*Les Ieux charmants*
*Sont leur partage :*
*Tost, tost, tost, soyons contents,*
*Il vient un temps*
*Qu'on est trop sage.*

Céphise chante au milieu des Bergers & des Bergeres qui dancent.

*C'Est la saison d'aimer*
*Quand on sçait plaire,*
*C'est la saison d'aimer*
*Quand on sçait charmer.*
*Les plus beaux de nos jours ne durent guére,*
*Le sort de la Beauté nous doit allarmer,*
*Nos Champs n'ont point de Fleur plus passagere;*
*C'est la saison d'aimer*
*Quand on sçait plaire,*
*C'est la saison d'aimer*
*Quand on sçait charmer.*
*Vn peu d'amour est necessaire,*
*Il n'est jamais trop tost de s'enflamer;*
*Nous donne-t'on un cœur pour n'en rien faire?*
*C'est la saison d'aimer*
*Quand on sçait plaire,*

*C'est la saison d'aimer*
*Quand on sçait charmer.*

La Troupe des Bergers dance avec la Troupe des Pastres. Les Chœurs se respondent les vns aux autres, & s'vnissent enfin tous ensemble.

### LES CHOEURS.

TRiomphez, genereux Alcide,
Aimez en paix heureux Espoux.
Que {toûjours la Gloire} {vous guide.
   {sans cesse l'Amour}
Ioüissez à jamais des {honneurs} {les plus doux.
                     {plaisirs}
Triomphez, genereux Alcide,
Aimez en paix, heureux Espoux.

Apollon vole avec les Jeux.

Fin du cinquiéme & dernier Acte.

# PERMISSION
## POVR TENIR ACADEMIE ROYALE de Musique, en faveur du sieur Lully.

LOUIS par la Grace de Dieu Roy de France & de Navarre; A tous presens & à venir, SALUT. Les Sciences & les Arts estans les Ornemens les plus considerables des Estats, Nous n'avons point eû de plus agreables Divertissemens, depuis que Nous avons donné la Paix à nos Peuples, que de les faire revivre, en appellant prés de Nous tous ceux qui se sont acquis la reputation d'y exceller, non seulement dans l'étenduë de nostre Royaume, mais aussi dans les Païs Estrangers; & pour les obliger d'avantage de s'y perfectionner, Nous les avons honorez des marques de nostre estime & de nostre bien-veillance: Et comme entre les Arts-Liberaux la Musique y tient un des premiers rangs, Nous aurions dans le dessein de la faire reüssir avec tous ces avantages, par nos Lettres Patentes du 28. Juin 1669. accordé au Sieur Perrin vne Permission d'établir à nostre bonne Ville de Paris, & autres de nostre Royaume, des Academies de Musique pour chanter en public des Pieces de Theatre, comme il se pratique en Italie, en Allemagne, & en Angleterre, pendant l'espace de douze années: Mais ayant esté depuis informez, que les peines & les soins que ledit Sieur Perrin a pris pour cét établissement n'ont pû seconder pleinement nostre intention, & élever la Musique au point que Nous nous l'estions promis, Nous avons crû pour y mieux reüssir, qu'il estoit à propos d'en donner la conduite à une personne dont l'experience & la capacité nous fussent connuës, & qui eût assez de suffisance pour fournir des esleves, tant pour bien chanter & actionner sur le Theatre, qu'à dresser des bandes de Violons, Flûtes, & autres Instrumens. A CES CAUSES, bien informez de l'intelligence

telligence & grande connoissance que s'est acquis nostre cher &
bien amé Jean Baptiste Lully au fait de la Musique, dont il Nous
a donné & donne journellement de tres-agreables preuves depuis plusieurs années qu'il s'est attaché à nostre service, qui nous
ont convié de l'honorer de la Charge de Sur-Intendant & Com-
positeur de la Musique de nostre Chambre ; Nous avons audit S$^r$
Lully permis & accordé, permettons & accordons par ces presentes signées de nostre main, d'établir vne Academie Royale de
Musique dans nostre bonne Ville de Paris, qui sera composée de
tel nombre & qualité de personnes qu'il avisera bon estre, que
Nous choisirons & arresterons sur le rapport qu'il Nous en fera,
pour faire des Representations devant Nous quand il nous plaira,
des pieces de Musique qui seront composées, tant en Vers François, qu'autres Langues étrangeres, pareilles & semblables aux
Academies d'Italie ; Pour en joüir sa vie durant, & aprés luy celuy
de ses enfans qui sera pourveu & receu en survivance de ladite
Charge de Sur-Intendant de la Musique de nostre Chambre, avec
pouvoir d'associer avec luy qui bon luy semblera, pour l'établis-
sement de ladite Academie, & pour le dédommager des grands
frais qu'il conviendra faire pour lesdites Representations, tant à
cause des Theatres, Machines, Decorations, Habits, qu'autres
choses necessaires. Nous luy permettons de donner au public
toutes les Pieces qu'il aura composées, mesme celles qui auront
esté representées devant Nous, sans neantmoins qu'il puisse se
servir pour l'execution desdites Pieces des Musiciens qui sont à
nos gages : Comme aussi de prendre telles sommes qu'il jugera à
propos, & d'établir des Gardes & autres gens necessaires aux por-
tes des lieux où se feront lesdites Representations : Faisant tres-
expresses inhibitions & defenses à toutes personnes de quelque
qualité & condition qu'elles soient, mesme aux Officiers de nostre
Maison d'y entrer sans payer. Comme aussi de faire chanter aucu-
ne Piece entiere en Musique, soit en Vers François, ou autres Langues, sans la permission par écrit dudit Sieur Lully, à peine de dix
mil livres d'amande, & de confiscation des Theatres, Machines,
Decorations, Habits, & autres choses, aplicable un tiers à Nous,
vn tiers à l'Hospital General, & l'autre tiers audit Sieur Lully ;
Lequel pourra aussi établir des Escoles particulieres de Musique
en nostre bonne Ville de Paris, & par tout où il jugera necessaire

pour le bien & l'avantage de ladite Academie Royale: Et dautant que Nous erigeons sur le pied de celles des Academies d'Italie, où les Gentils-hommes chantent publiquement en Musique sans déroger. VOULONS & Nous plaist, que tous Gentils-hommes & Damoiselles puissent chanter ausdites Pieces & Representations de nostredite Academie Royale, sans que pource ils soient censez déroger audit Titre de Noblesse & à leurs Privileges, Charges, Droits & Immunitez: Revoquons, cassons & annullons par cesdites Presentes, toutes Permissions & Privileges que Nous pourrions avoir cy-devant donnez & accordez, mesme celuy dudit Perrin, pour raison desdites Pieces de Theatre en Musique, sous quelques noms, qualitez, conditions & pretextes que ce puisse estre. SI DONNONS EN MANDEMENT, à nos amez & feaux Conseillers, les Gens tenans nostre Cour de Parlement à Paris, & autres nos Justiciers & Officiers qu'il appartiendra, Que ces Presentes ils ayent à faire lire, publier & enregistrer, & du contenu en icelles, faire joüir & vser ledit Exposant plainement & paisiblement, cessant & faisant cesser tous troubles & empeschemens au contraire: CAR tel est nostre plaisir; Et afin que ce soit chose ferme & stable à toûjours, Nous avons fait mettre nostre Scel à cesdites Presentes. DONNE' à Versailles au mois de Mars, l'an de grace mil six cens soixante-douze, & de nostre Regne le vingt-neufiéme. Signé, LOUIS. Et à costé, *visa*, LOUIS. Et plus bas: Par le Roy, COLBERT, Et encore est écrit.

REgistrées, oüy le Procureur General du Roy, pour estre executées, & joüir par l'Impetrant de l'effet & contenu en icelles selon leur forme & teneur, suivant l'Arrest de ce jour. A Paris en Parlement le vingt-septiéme Iuin mil six cens soixante-douze. Signé, ROBERT.

## PRIVILEGE DV ROY.

LOUIS par la grace de Dieu, Roy de France & de Navarre; A nos amez & feaux Conseillers les Gens tenans nos Cours de Parlement, Maistres des Requestes ordinaires de nostre Hostel,

& du Palais, Baillifs, Seneschaux, & leurs Prevosts, & leurs Lieutenans, & tous autres nos Justiciers & Officiers qu'il appartiendra, SALUT. Nostre bien amé Jean Baptiste Lully, Sur-Intendant de la Musique de nostre Chambre, Nous a fait remonter que les Airs de Musique qu'il a cy-devant composez, ceux qu'il compose journellement par nos ordres, & ceux qu'il sera obligé de composer à l'avenir pour les Pieces qui seront representées par l'Academie Royale de Musique, laquelle Nous luy avons permis d'establir en nostre bonne Ville de Paris, & autres lieux de nostre Royaume où bon luy semblera, estant purement de son invention, & de telle qualité que le moindre changement ou obmission leur fait perdre leur grace naturelle; de sorte que comme son esprit seul les produit pour les appliquer aux sujets qu'il y trouve proportionnez, nul autre ne peut si bien que luy rendre lesdits Ouvrages publics dans leur perfection & avec l'exactitude qui leur est deuë. Et d'ailleurs il est juste que si leur impression doit apporter quelque avantage, il revienne plûtost à l'Autheur pour le recompenser de son travail, & de partie des frais qu'il avance pour l'execution des Desseins qu'il doit faire representer par ladite Academie, qu'à de simples Copistes qui les imprimeroient sous pretexte de Permissions generales ou particulieres qu'ils peuvent avoir obtenuës par surprises ou autrement ; ce qui l'oblige d'avoir recours à nos Lettres sur ce necessaires. A CES CAUSES, voulans favorablement traitter l'Exposant, Nous luy avons permis & accordé, permettons & accordons par ces Presentes, de faire imprimer par tel Libraire ou Imprimeur, en tel volume, marge, caractere, & autant de fois qu'il voudra, avec Planches & Figures, tous & chacuns les Airs de Musique qui seront par luy faits; comme aussi les Vers, Paroles, Sujets, Desseins & Ouvrages sur lesquels lesdits Airs de Musique auront esté composez sans en rien excepter, & cependant le temps de trente années consecutives, à commencer du jour que chacun desdits Ouvrages seront achevez d'imprimer, iceux vendre & débiter dans tout nostre Royaume, par luy ou par autre ainsi que bon luy semblera, sans qu'aucun trouble ny empêchement quelconque luy puisse estre apporté, mesme par ceux qui pretendent avoir de Nous Privilege pour l'impression des Airs de Musique & Ballets, lesquels pour ce regard en tant que besoin est ou seroit, Nous avons revoqué & revoquons par cesdites Préſentes, faiſant tres-expreſſes inhibitions & défenſes à tous Libraires, Imprimeurs, Colporteurs, & autres perſonnes de quelque qualité qu'elles ſoient, d'imprimer, faire imprimer, vendre & diſtribuer leſdites Pieces de Muſique, Vers, Paroles, Deſſeins, Sujets, & generalement tout ce qui a eſté & ſera compoſé par ledit Lully, ſous quelque pretexte que ce ſoit, meſme d'impreſſion étrangere & autrement, ſans ſon conſentement ou de ſes ayans cauſe, ſur peine de confiſcation des Exemplaires contrefaits, dix mil livres d'amende tant contre ceux qui les auront imprimez & vendus, que contre ceux qui s'en trouveront ſaiſis, & de tous dépens, dommages & intereſts; à la charge d'en mettre deux Exemplaires en noſtre Bibliotheque publique, vn en noſtre Cabinet des Livres de noſtre Chaſteau du Louvre, & vn en celle de noſtre tres-cher & feal Chevalier Garde des Sceaux de France le Sieur d'Aligre, à peine de nullité des Préſentes. Du contenu deſquelles, vous mandons & enjoignons faire joüir l'Expoſant & ſes ayans cauſe pleinement & paiſiblement, ceſſant & faiſant ceſſer tous troubles & empeſchemens au contraire; Voulons qu'en mettant au commencement ou à la fin deſdits Livres l'Extrait des Preſentés, elles ſoient tenuës deuëment ſignifiées, & qu'aux copies collationnées par l'vn de nos amez & feaux Secretaires, foy ſoit ajoûtée comme à l'Original. Mandons au premier noſtre Huiſſier ou Sergent, faire pour l'execution des Préſentes, toutes ſignifications, défenſes, ſaiſies, & autres actes requis & neceſſaires, ſans pour ce demander autre permiſſion, nonobſtant oppoſitions ou appellations quelconques, dont ſi aucunes interviennent, Nous nous en reſervons & à noſtre Conſeil la connoiſſance, & icelle interdiſons & deffendons à tous autres Juges : CAR tel eſt noſtre plaiſir. DONNE' à Verſailles le vingtiéme jour de Septembre, l'an de grace mil ſix cens ſoixante-douze, & de noſtre Regne le trentiéme. Signé, LOUIS. Et plus bas, Par le Roy, COLBERT. Et ſcellé du grand Sceau de cire jaune.